AF108025

www.ingramcontent.com/pod-product-compliance
Lightning Source LLC
LaVergne TN
LVHW010418070526
838199LV00064B/5346
9789358727982

روزے سے متعلق فتوے

(فتاویٰ)

عبدالعزیز بن عبداللہ بن باز

© Taemeer Publications LLC
Rozey se mutalliq Fatwe
by: AbdulAziz Bin Abdullah Binbaaz
Edition: April '2024
Publisher :
Taemeer Publications LLC (Michigan, USA / Hyderabad, India)

ISBN 978-93-5872-798-2

مصنف یا ناشر کی پیشگی اجازت کے بغیر اس کتاب کا کوئی بھی حصہ کسی بھی شکل میں بشمول ویب سائٹ پر اَپ لوڈنگ کے لیے استعمال نہ کیا جائے۔ نیز اس کتاب پر کسی بھی قسم کے تنازع کو نمٹانے کا اختیار صرف حیدرآباد (تلنگانہ) کی عدلیہ کو ہو گا۔

کتاب	:	روزے سے متعلق فتوے
مصنف	:	عبدالعزیز بن عبداللہ بن باز
پروف ریڈنگ / تدوین	:	اعجاز عبید
صنف	:	مذہب
ناشر	:	تعمیر پبلی کیشنز (حیدرآباد، انڈیا)
سالِ اشاعت	:	۲۰۲۴ء
صفحات	:	۴۰
سرورق ڈیزائن	:	تعمیر ویب ڈیزائن

سوال ا

رمضان کے روزے کن لوگوں پر فرض ہیں؟ نیز رمضان کے روزوں کی اور نفل روزوں کی کیا فضیلت ہے؟

جواب

رمضان کے روزے ہر مکلف مسلمان مرد و عورت پر فرض ہیں۔ اور جو بچے اور بچیاں سات سال کے ہو جائیں اور وہ روزے رکھ سکتے ہوں تو ان کے لئے رمضان کے روزے رکھنا مستحب ہے۔ اور ان کے سرپرست حضرات کا یہ فرض ہے کہ طاقت رکھنے کی صورت میں انہیں نماز کی طرح روزے کا بھی حکم دیں۔ اس مسئلہ کی بنیاد اللہ تعالی کا یہ ارشاد ہے:

یا أیہا الَّذِینَ آمَنُواْ کُتِبَ عَلَیکُمُ الصِّیامُ کَمَا کُتِبَ عَلَى الَّذِینَ مِن قَبْلِکُمْ لَعَلَّکُمْ تَتَّقُونَ أَیاماً مَّعْدُودَاتٍ فَمَن کانَ مِنکُم مَّرِیضاً أَوْ عَلَى سَفَرٍ فَعِدَّةٌ مِّنْ أَیامٍ أُخَرَ) سورۃ البقرۃ(۱۸۳-۱۸۴)

اے ایمان والو! تم پر روزے فرض کئے گئے ہیں جس طرح تم سے پہلے لوگوں پر فرض کئے گئے تھے۔ تاکہ تم اللہ کا تقویٰ اختیار کرو۔ روزے کے چند گنتی کے دن ہیں۔ تو جو شخص تم میں سے مریض ہو یا سفر میں ہو وہ دوسرے دنوں میں گنتی پوری کرے۔

اوراس کے بعد ہی اللہ تعالی نے ارشاد فرمایا:

شَهۡرُ رَمَضَانَ الَّذِیۡ اُنۡزِلَ فِيۡهِ الۡقُرۡاٰنُ هُدًى لِّلنَّاسِ وَبَيِّنٰتٍ مِّنَ الۡهُدٰى وَالۡفُرۡقَانِ فَمَنۡ شَهِدَ مِنۡكُمُ الشَّهۡرَ فَلۡيَـصُمۡهُ وَمَنۡ كَانَ مَرِيۡضًا اَوۡ عَلٰى سَفَرٍ فَعِدَّةٌ مِّنۡ اَيَّامٍ اُخَرَ يُرِيۡدُ اللّٰهُ بِكُمُ الۡيُسۡرَ وَلَا يُرِيۡدُ بِكُمُ الۡعُسۡرَ وَلِتُكۡمِلُوا الۡعِدَّةَ وَلِتُكَبِّرُوا اللّٰهَ عَلٰى مَا هَدٰٮكُمۡ وَلَعَلَّكُمۡ تَشۡكُرُوۡنَ)

(۱۸۵)سورۃ البقرۃ

رمضان وہ مہینہ ہے جس میں قرآن نازل کیا گیا۔ جو لوگوں کو راہ بتلاتا ہے اور اس میں ہدایت کی اور حق کو ناحق سے پہچاننے کی کھلی کھلی نشانیاں ہیں۔ پس تم میں سے جو شخص یہ مہینہ پائے وہ اس کے روزے رکھے اور جو بیمار ہو یا سفر میں ہو وہ دوسرے دنوں میں اس کی گنتی پوری کرے۔

اور ابن عمر کی حدیث ہے کہ نبیؐ نے فرمایا:

"اسلام کی بنیاد پانچ چیزوں پر ہے: اس بات کی گواہی دینا کہ اللہ کے علاوہ کوئی معبود برحق نہیں اور محمد اللہ کے رسولؐ ہیں۔ اور نماز قائم کرنا۔ اور زکوۃ دینا۔ اور رمضان کے روزے رکھنا۔ اور بیت اللہ کا حج کرنا" (متفق علیہ)

نیز جبرئیل علیہ السلام نے جب رسولؐ سے اسلام کے بارے میں سوال کیا تو آپؐ نے فرمایا:

"اسلام یہ ہے کہ تم اس بات کی شہادت دو کہ اللہ کے سوا کوئی معبود برحق نہیں اور محمد اللہ کے رسولؐ ہیں۔ اور نماز قائم کرو۔ اور زکوۃ دو۔ اور رمضان کے روزے رکھو۔ اور استطاعت ہو تو بیت اللہ کا حج کرو"

اس حدیث کو امام مسلم نے اپنی صحیح میں عمر بن خطاب کے طریق سے روایت کیا ہے۔ اور اس معنی کی ایک اور حدیث بخاری و مسلم ہی میں ابوہریرہ کے طریق سے بھی مروی ہے۔

سوال ۲

کیا سوجھ بوجھ رکھنے والے بچے سے روزہ رکھوایا جائے گا؟ اور اگر روزہ رکھنے کے دوران ہی وہ بالغ ہو جائے تو کیا یہ روزہ فرض روزہ کی طرف سے کفایت کرے گا؟

جواب

پہلے سوال کے جواب میں یہ بات گزر چکی ہے کہ بچے اور بچیاں جب سات سال یا اس سے زیادہ کے ہو جائیں تو عادت ڈالنے کے لئے ان سے روزے رکھوائے جائیں۔ اور ان کے سرپرست حضرات کی ذمہ داری ہے کہ نماز کی طرح انہیں روزے کا بھی حکم دیں۔ اور جب وہ بلوغت کو پہنچ جائیں تو پھر ان پر روزہ واجب ہو جاتا ہے۔ اور اگر دن میں روزہ کے دوران ہی بالغ ہو جائیں تو ان کا یہ (نفل) روزہ فرض روزہ کی طرف سے کفایت کر جائے گا۔ بطور مثال یہ فرض کرلیں کہ ایک بچے نے زوال کے وقت اپنی عمر کے پندرہ سال مکمل کئے۔ اور وہ اس دن روزہ سے تھا۔ تو اس کا یہ روزہ فرض روزہ کی طرف سے کافی ہو گا۔ دن کے اول حصہ کا روزہ نفل اور آخر حصہ کا روزہ فرض شمار ہو گا۔ لیکن یہ اس صورت میں ہے کہ اس سے پہلے اس کے زیر ناف بال نہ آئے ہوں۔ یا شہوت کے ساتھ اس سے منی نہ خارج ہوئی ہو۔ بچی کے بارے میں بھی بالکل یہی حکم ہے۔ البتہ اس کے تعلق سے ایک چوتھی علامت حیض بھی ہے جس سے اس کے بالغ ہونے کا حکم لگایا جائے گا۔

سوال ۳

مسافر کے لئے سفر میں۔ خصوصاً ایسے سفر میں جسمیں کسی طرح کی مشقت درپیش نہ ہو۔ مثلاً ہوائی جہاز سے یا دیگر ذرائع سے سفر کرنے کی صورت میں روزہ رکھنا افضل ہے یا نہ رکھنا؟

جواب

مسافر کے لئے سفر میں مطلقاً روزہ نہ رکھنا بہتر ہے۔ لیکن اگر کوئی شخص بحالت سفر روزہ رکھ لے تو بھی کوئی حرج نہیں۔ کیونکہ نبیؐ سے نیز صحابہ کرام رضی اللہ عنہم سے دونوں عمل ثابت ہیں۔ لیکن اگر سخت گرمی ہو اور مشقت زیادہ محسوس ہو تو روزہ نہ رکھنا ہی موکد ہو جاتا ہے۔ اور ایسی صورت میں روزہ رکھنا مکروہ ہے۔ کیونکہ نبیؐ نے ایک شخص کو دیکھا کہ وہ سفر میں روزے سے ہے اور سخت گرمی کی وجہ سے اس کے اوپر سایہ ڈال دیا گیا ہے تو آپؐ نے فرمایا:

"سفر میں روزہ رکھنا بھلائی نہیں ہے"

اور اسلئے بھی ایسی حالت میں روزہ رکھنا مکروہ ہے کہ رسولؐ کا ارشاد ہے:

"اللہ کو یہ بات پسند ہے کہ اس کی دی ہوئی رخصت کو قبول کی جائے۔ جس طرح اسے یہ بات ناپسند ہے کہ اس کی نافرمانی کی جائے"

دوسری حدیث میں یہ الفاظ ہیں:

"جس طرح اسے یہ بات پسند ہے کہ اس کے فرائض پر عمل کیا جائے"

اس سلسلہ میں گاڑی یا اونٹ یا کشتی یا پانی کے جہاز سے سفر کرنے والے میں اور ہوائی جہاز سے سفر کرنے والے میں کوئی فرق نہیں۔ کیونکہ سفر کا لفظ ہر ایک کو شامل ہے اور وہ سفر کی رخصت سے فائدہ اٹھائیں گے۔

اللہ تعالیٰ نے اپنے بندوں کے لئے سفر اور اقامت کے احکام رسولؐ کی زندگی میں تا قیامت آنے والوں کے لئے مشروع فرمائے۔ اور اسے اس بات کا بخوبی علم تھا کہ بعد میں حالات میں کیا کیا تبدیلیاں آئیں گی اور کیسے کیسے وسائل سفر ایجاد ہوں گے۔ اسلئے اگر حالات اور وسائل سفر کے مختلف ہونے سے احکام بھی بدل جاتے تو اللہ سبحانہ و تعالیٰ نے اس بات پر متنبہ کیا ہوتا- جیسا کہ اس کا ارشاد ہے:

وَنَزَّلْنَا عَلَيْكَ الْكِتَابَ تِبْيَانًا لِّكُلِّ شَيْءٍ وَهُدًى وَرَحْمَةً وَبُشْرَىٰ لِلْمُسْلِمِينَ

(۸۹) سورۃ النحل

ہم نے آپؐ پر کتاب (قرآن) نازل کی جو ہر چیز کو بیان کرنے والی ہے اور مسلمانوں کے لئے ہدایت اور رحمت اور بشارت ہے-

نیز فرمایا:

وَالْخَيْلَ وَالْبِغَالَ وَالْحَمِيرَ لِتَرْكَبُوهَا وَزِينَةً وَيَخْلُقُ مَا لَا تَعْلَمُونَ

(۸) سورۃ النحل

اور اس نے گھوڑے اور خچر اور گدھے تمہاری سواری اور زینت کے لئے پیدا کئے۔ اور وہ چیزیں پیدا کرتا ہے جن کو تم نہیں جانتے۔

سوال ۴

ماہ رمضان کا شروع ہونا اور اختتام کو پہنچنا کس چیز سے ثابت ہو گا؟ اور اگر رمضان کے شروع ہونے یا مکمل ہونے کے وقت صرف ایک شخص نے اکیلے چاند دیکھا تو اس کا کیا حکم ہے؟

جواب

ماہ رمضان کا شروع ہونا اور ختم ہونا دو یا دو سے زیادہ عادل گواہوں کی گواہی سے ثابت ہوتا ہے۔ البتہ اس ماہ کے شروع ہونے کے لئے صرف ایک گواہ کی گواہی کافی ہے۔ نبیؐ کا ارشاد ہے:

"اگر دو گواہ گواہی دے دیں تو روزہ رکھو اور افطار کرو"

نیز نبیؐ سے ثابت ہے کہ آپؐ نے صرف ابن عمر کی شہادت اور ایک موقع پر صرف ایک دیہاتی کی شہادت کی بنیاد پر لوگوں کو روزہ رکھنے کا حکم دیا تھا۔ اور مزید کوئی شہادت نہیں طلب کی تھی۔ اس کی حکمت واللہ اعلم یہ ہے کہ اس ماہ کے شروع ہونے اور اختتام کو پہنچنے میں دین کے لئے احتیاط ملحوظ رکھا جائے۔ جیسا کہ اہل علم نے اس کی صراحت کی ہے۔

اگر کسی شخص نے رمضان کے شروع یا اختتام کے وقت اکیلے چاند دیکھا اور اس کی شہادت پر عمل نہ کیا گیا تو اہل علم کے صحیح ترین قول کے مطابق وہ عام لوگوں کے ساتھ روزہ رکھے اور افطار کرے اور خود اپنی شہادت پر عمل نہ کرے۔ کیونکہ نبیؐ کا ارشاد ہے:

"روزہ اس دن کا ہے جس دن تم سب روزہ رکھتے ہو۔ اور افطار اس دن ہے جس دن تم سب افطار کرتے ہو۔ اور قربانی اس دن ہے جس دن تم سب قربانی کرتے ہو۔ واللہ ولی التوفیق۔

سوال ۵

مطلع بدل جائے تو لوگ کس طرح روزے رکھیں؟ اور کیا دور دراز ملکوں مثلاً

امریکہ اور آسٹریلیا وغیرہ میں رہنے والوں کے لئے ضروری ہے کہ وہ سعودی عرب والوں کی رویت کی بنیاد پر روزہ رکھیں۔ کیونکہ وہ چاند نہیں دیکھتے؟

جواب

اس سلسلہ میں صحیح بات یہ ہے کہ چاند کی رویت پر اعتماد کیا جائے اور مطلع بدل جانے کا اعتبار نہ کیا جائے۔ کیونکہ نبی ؐ نے رویت ہی پر اعتماد کرنے کا حکم دیا ہے۔ اور اس بارے میں کوئی تفصیل نہیں فرمائی۔ جیسا کہ صحیح حدیث میں آپؐ کا یہ ارشاد ثابت ہے:

"چاند دیکھ کر روزہ رکھو۔ اور چاند دیکھ کر افطار کرو۔ اور اگر ابر کی وجہ سے تم پر چاند ظاہر نہ ہو تو تیس کی گنتی پوری کرو" (متفق علیہ)

اور آپؐ سے یہ حدیث بھی ثابت ہے:

"تم روزہ نہ رکھو یہاں تک کہ چاند دیکھ لو یا (شعبان کی) گنتی پوری کرلو۔ اور افطار نہ کرو یہاں تک کہ چاند دیکھ لو یا (رمضان کی) گنتی پوری کرلو"

اس معنی کی اور بھی بہت سی احادیث وارد ہیں۔

ان احادیث میں رسولؐ نے جاننے کے باوجود اختلاف مطلع کی جانب کوئی اشارہ نہیں فرمایا، لیکن کچھ اہل علم اس طرف گئے ہیں کہ مطلع بدل جانے کی صورت میں ہر شہر والوں کے لئے چاند دیکھنے کا اعتبار ہو گا۔ ان کی دلیل ابن عباس کا یہ اثر ہے کہ وہ مدینہ طیبہ میں تھے اور انہوں نے اہل شام کی رویت کا اعتبار نہ کیا۔ ملک شام والوں نے معاویہ کے زمانہ میں جمعہ کی رات رمضان کا چاند دیکھا اور اسی کے مطابق روزہ رکھا۔ لیکن اہل مدینہ نے وہی چاند ہفتہ کی رات دیکھا۔ اور جب حضرت کریب نے ابن عباس سے اہل شام کے چاند دیکھنے اور روزہ رکھنے کا تذکرہ کیا تو ابن عباس نے فرمایا کہ ہم نے ہفتہ کی رات چاند دیکھا ہے۔ اسلئے ہم روزہ رکھیں گے یہاں تک کہ (عید کا) چاند دیکھ لیں یا

پھر (رمضان کی) گنتی پوری کر لیں۔ ابن عباس نے نبی کریمؐ کی اس حدیث سے استدلال کیا:

"چاند دیکھ کر روزہ رکھو۔ اور چاند دیکھ کر افطار کرو"

اہل علم کے اس قول کے اندر تقویت پائی جاتی ہے۔ اور سعودی عرب کی "مجلس ہیئت کبار علماء" کے ممبران کی رائے بھی یہی ہے۔ کیونکہ اس سے مختلف دلائل کے درمیان تطبیق ہو جاتی ہے۔ واللہ ولی التوفیق۔

سوال ٦

جن ملکوں میں دن اکیس گھنٹے تک بڑا ہوتا ہے وہاں کے لوگ کس طرح روزہ رکھیں ؟ کیا وہ روزہ رکھنے کے لئے کوئی وقت متعین کریں گے ؟ اسی طرح جن ملکوں میں دن بہت ہی چھوٹا ہوتا ہے وہ کیا کریں ؟ اور اسی طرح وہ ممالک جہاں دن اور رات چھ چھ ماہ تک لمبے ہوتے ہیں وہاں کے لوگ کس طرح روزہ رکھیں ؟

جواب

جن ممالک میں دن اور رات کی گردش چوبیس گھنٹے کے اندر اندر پوری ہو جاتی ہے وہاں کے لوگ دن میں روزہ رکھیں گے۔ خواہ دن چھوٹا ہو یا بڑا۔ اور یہ ان کے لئے، الحمد للہ، کفایت کر جائے گا۔ بھلے ہی دن چھوٹا ہو – البتہ وہ ممالک جہاں دن اور رات کی گردش چوبیس گھنٹے کے اندر پوری نہیں ہوتی۔ بلکہ رات یا دن چھ چھ ماہ تک لمبے ہوتے ہیں۔ وہاں کے لوگ نماز اور روزہ کے وقت کا اندازہ متعین کر کے اسی حساب سے نماز پڑھیں گے اور روزے رکھیں گے۔ جیسا کہ نبی کریمؐ نے دجال کے ظاہر ہونے کے ایام کے بارے

میں حکم دیا ہے۔ جس کا پہلا دن ایک سال کے اور دوسرا دن ایک ماہ کے اور تیسرا دن ایک ہفتہ کے برابر ہوگا۔ کہ نماز کے وقت کا اندازہ کر کے نماز پڑھ لیں۔

سعودی عرب کی "مجلس ہیئت کبار علماء" نے مذکورہ بالا مسئلہ میں غور و فکر کرنے کے بعد ایک قرارداد حوالہ نمبر ٦١۔ مورخہ ١٢/٤/١٣٩٨ھ پاس کی ہے۔ جو درج ذیل ہے:

الحمدللہ۔ والصلاۃ والسلام علی رسولہ وآلہ وصحبہ۔ وبعد:

مجلس ہیئت کبار علماء کے بارہویں اجتماع منعقدہ ریاض۔ ماہ ربیع الثانی ١٣٩٨ ھجری میں رابطۂ عالم اسلامی کے سکریٹری جنرل کا خط۔ حوالہ نمبر ٥٥٥۔ مورخہ ١٦/١/١٣٩٨ ہجری پیش ہوا جو سویڈن کے شہر مالو کے صدر رابطہ برائے اسلامی تنظیمات کے خط میں وارد موضوع پر مشتمل تھا۔ جس میں صدر محترم مذکور نے یہ وضاحت کی ہے کہ" سکنڈے نیوین" ممالک میں وہاں کے جغرافیائی محل وقوع کے پیش نظر موسم گرما میں دن انتہائی لمبا اور موسم سرما میں انتہائی چھوٹا ہے۔ جبکہ وہاں کے شمالی علاقوں میں موسم گرم میں آفتاب غروب ہی نہیں ہوتا۔ اور موسم سرما میں اس کے برعکس آفتاب طلوع ہی نہیں ہوتا۔ ایسی صورت میں ان ممالک میں بسنے والے مسلمان روزہ رکھنے اور افطار کرنے نیز اوقات نماز کی تعیین کی کیفیت جاننا چاہتے ہیں۔ رابطہ عالم اسلامی کے جنرل سکریٹری نے اپنے خط میں اس بارے میں فتویٰ صادر کرنے کی درخواست کی ہے۔ تاکہ مذکورہ ممالک کے مسلمانوں کو اس فتویٰ سے باخبر کر سکیں۔

مجلس ہیئت کبار علماء کے اس اجتماع میں مسئلہ ہذا سے متعلق دائمی کمیٹی برائے علمی تحقیقات وافتاء کا تیار کردہ بیان اور فقہاء سے منقول دیگر نصوص بھی پیش کئے گئے اور ان پر بحث و نظر اور مناقشہ کے بعد مجلس نے درج ذیل بیان جاری کیا:

ا- جن ممالک میں دن اور رات ایک دوسرے سے جدا جدا ہوں۔ بایں طور کہ وہاں فجر طلوع ہوتی ہو اور آفتاب غروب ہوتا ہو۔ البتہ موسم گرما میں دن بہت ہی طویل ہوتا ہو اور اس کے برعکس موسم سرما میں بہت ہی چھوٹا ہو۔ ایسے ممالک میں رہنے والے مسلمانوں کے لئے ضروری ہے کہ وہ انہی اوقات میں نماز ادا کریں جو شرعاً متعین اور معروف ہیں۔ کیونکہ اللہ تعالیٰ کا یہ حکم عام ہے:

أَقِمِ الصَّلَاةَ لِدُلُوكِ الشَّمْسِ إِلَى غَسَقِ اللَّيْلِ وَقُرْآنَ الْفَجْرِ إِنَّ قُرْآنَ الْفَجْرِ كَانَ مَشْهُودًا

(۷۸) سورۃ الإسراء

سورج ڈھلنے سے رات کے اندھیرے تک نماز قائم کرو۔ اور فجر کے وقت قرآن پڑھنا بھی۔ یقیناً فجر میں قرآن پڑھنے کے وقت فرشتے حاضر ہوتے ہیں- اور اللہ تعالیٰ کا یہ ارشاد بھی:

إِنَّ الصَّلَاةَ كَانَتْ عَلَى الْمُؤْمِنِينَ كِتَابًا مَّوْقُوتًا

(۱۰۳) سورۃ النساء

یقیناً نماز مومنوں پر مقررہ وقت میں فرض ہے۔

نیز بریدہ سے مروی ہے کہ ایک شخص نے نبی کریمؐ سے نماز کے وقت کے بارے میں سوال کیا تو آپؐ نے فرمایا:

" ہمارے ساتھ دو دن نماز پڑھو۔ چنانچہ جب آفتاب ڈھل گیا تو آپؐ نے بلالؓ کو اذان دینے کا حکم دیا۔ انہوں نے اذان دی۔ پھر آپؐ نے حکم دیا اور انہوں نے ظہر کی اقامت کہی۔ پھر جب کہ آفتاب ابھی بلند۔ سفید اور بالکل صاف تھا آپؐ نے حکم دیا اور انہوں نے عصر کی اقامت کہی۔ پھر جب آفتاب غروب ہو گیا تو آپؐ نے حکم دیا اور

انہوں نے مغرب کی اقامت کہی۔ پھر جب آسمان کی سرخی غائب ہو گئی تو آپؐ نے حکم دیا اور انہوں نے عشاء کی اقامت کہی۔ پھر طلوع فجر کے بعد آپؐ نے حکم دیا انہوں نے فجر کی اقامت کہی۔

پھر جب دوسرا دن شروع ہوا تو آپؐ نے بلال کو حکم دیا اور انہوں نے ٹھنڈا ہونے پر اقامت کہی۔ اور عصر کی نماز اس وقت پڑھی جبکہ آفتاب ابھی بلندی پر تھا۔ لیکن پہلے دن سے دیر کر کے پڑھی۔ اور مغرب کی نماز سرخی غائب ہونے سے پہلے پڑھی۔ اور عشاء کی نماز ایک تہائی رات گزر جانے پر پڑھی۔ اور فجر کی نماز اجالا ہو جانے پر پڑھی۔ پھر فرمایا:

نماز کے وقت کے بارے میں سوال کرنے والا شخص کہاں ہے؟ اس نے جواب دیا: اے اللہ کے رسولؐ! میں ہوں۔ آپؐ نے فرمایا: "تمہاری نمازوں کے اوقات ان دونوں وقتوں کے درمیان ہیں" (بخاری و مسلم)

عبداللہ بن عمرو بن عاصؓ سے روایت ہے کہ رسولؐ نے فرمایا:

"ظہر کا وقت وہ ہے جب آفتاب ڈھل جائے اور آدمی کا سایہ اس کے مثل ہو جائے - اس وقت سے لے کر عصر تک ہے۔ اور عصر کا وقت اس وقت تک ہے جب تک کہ آفتاب میں زردی نہ آ جائے۔ اور مغرب کا وقت اس وقت تک ہے جب تک کہ سرخی غائب نہ آ جائے۔ اور مغرب کا وقت اس وقت تک ہے جب تک کہ سرخی غائب نہ ہو جائے۔ اور عشاء کا وقت متوسط رات کے نصف تک ہے۔ اور فجر کا وقت طلوع فجر کے بعد سے لے کر آفتاب طلوع ہونے سے پہلے تک ہے۔ پھر جب آفتاب طلوع ہونے لگے تو نماز سے رک جاؤ۔ کیونکہ آفتاب شیطان کی دو سینگوں کے درمیان طلوع ہوتا ہے" (صحیح مسلم)

ان کے علاوہ اور بھی قولی و فعلی احادیث ہیں جو پانچوں فرض نمازوں کے اوقات کے تعیین کے سلسلے میں وارد ہیں۔ ان احادیث میں دن یارات کے چھوٹے یا بڑے ہونے میں کوئی فرق نہیں ہے۔ جب تک کہ نمازوں کے اوقات رسولؐ کی بیان کردہ علامتوں کے مطابق ایک دوسرے سے جدا جدا ہوں – یہ رہا مسئلہ اوقات نماز کی تعیین کا۔

رہی بات ماہ رمضان میں روزہ رکھنے کے اوقات کی تعیین کی۔ تو جن ممالک میں دن اور رات ایک دوسرے سے جدا جدا ہوں اور ان کا مجموعی وقت چوبیس گھنٹے ہو۔ وہاں کے مکلف مسلمانوں کے لئے ضروری ہے کہ پورے دن یعنی طلوع فجر سے لے کر آفتاب غروب ہونے تک کھانے۔ پینے اور دیگر تمام مفطرات سے رکے رہیں۔ اور صرف رات میں۔ خواہ کتنی ہی چھوٹی ہو۔ کھانا۔ پینا اور بیوی سے ہمبستری وغیرہ حلال جانیں۔ کیونکہ شریعت اسلام ہر ملک کے باشندوں کے لیے عام ہے۔ اور اللہ تعالی کا ارشاد ہے:

وَكُلُوا وَاشْرَبُوا حَتَّى يَتَبَيَّنَ لَكُمُ الْخَيْطُ الْأَبْيَضُ مِنَ الْخَيْطِ الْأَسْوَدِ مِنَ الْفَجْرِ ثُمَّ أَتِمُّوا الصِّيَامَ إِلَى اللَّيْلِ

(۱۸۷) سورۃ البقرۃ

اور کھاتے اور پیتے رہو۔ یہاں تک کہ صبح کی سفید دھاری رات کی کالی دھاری سے تم کو صاف دکھائی دینے لگے۔

البتہ وہ شخص جو دن کے طویل ہونے کی وجہ سے روزہ نہ رکھ سکتا ہو۔ یا آثار و علامات سے یا تجربہ سے یا کسی معتبر ماہر ڈاکٹر کے بتانے سے یا اپنے گمان غالب سے یہ جانتا ہو کہ روزہ رکھنا اس کی ہلاکت کا یا شدید مرض میں مبتلا ہو جانے کا سبب بن سکتا ہے۔ یا روزہ رکھنے سے اس کا مرض بڑھ جائے گا۔ یا اس کی شفایابی کمزور پڑ جائے گی۔ تو ایسا شخص روزہ نہ رکھے۔ اوران کے بدلے دوسرے مہینہ میں۔ جس میں اس کے لئے روزہ رکھنا

ممکن ہو۔ قضا کرلے۔ اللہ تعالیٰ کا ارشاد ہے:

فَمَن شَهِدَ مِنكُمُ الشَّهرَ فَلْيَصُمْهُ وَمَن كَانَ مَرِيضًا أَوْ عَلَى سَفَرٍ فَعِدَّةٌ مِّنْ أَيَّامٍ أُخَرَ

(۱۸۵) سورۃ البقرۃ

جو شخص رمضان کا مہینہ پائے وہ اس کا روزہ رکھے۔ اور جو مریض ہو یا سفر میں ہو وہ دوسرے دنوں میں گنتی پوری کرے۔

نیز اللہ تعالیٰ نے فرمایا:

لَا يُكَلِّفُ اللهُ نَفْسًا إِلَّا وُسْعَهَا

(۲۸۶) سورۃ البقرۃ

اللہ کسی نفس کو اس کی طاقت سے زیادہ مکلف نہیں کرتا۔

اور فرمایا:

وَمَا جَعَلَ عَلَيْكُمْ فِي الدِّينِ مِنْ حَرَجٍ

(۷۸) سورۃ الحج

اور اس (اللہ) نے دین کے معاملے میں تم پر کوئی حرج و تنگی نہیں رکھی۔

۲- جن ممالک میں موسم گرما میں آفتاب غروب ہی نہ ہوتا ہو اور موسم سرما میں آفتاب طلوع ہی نہ ہوتا ہو۔ اسی طرح وہ ممالک جہاں مسلسل چھ مہینے رات اور چھ مہینے دن رہتا ہو۔ وہاں کے مسلمانوں کے لئے ضروری ہے کہ وہ قریب ترین ملک جہاں فرض نمازوں کے اوقات جدا جدا ہوں۔ وہاں کے اوقات نماز کے پیش نظر اپنی پنج وقتہ فرض نمازوں کے اوقات متعین کرلیں۔ اور ہر چیز چوبیس گھنٹے کے اندر پانچوں فرض نمازیں ادا کریں۔ کیونکہ اسراء و معراج والی حدیث میں وارد ہے کہ اللہ تعالیٰ نے اس امت پر ایک دن اور ایک رات میں پچاس نمازیں فرض کیں تو رسولؐ اللہ اپنے رب سے امت

کے لئے تخفیف کرواتے رہے۔ یہاں تک کہ اللہ نے فرمایا:

"اے محمد ایک دن اور رات میں اب یہ کل پانچ نمازیں ہیں۔ اور ہر نماز دس کے برابر ہے۔ گویا یہ پچاس نمازیں ہیں"

طلحہ بن عبید اللہ سے مروی ہے کہ علاقۂ نجد سے ایک دیہاتی صحابی رسولؐ اللہ کے پاس آئے۔ جن کا سر پراگندہ تھا۔ ہم ان کی آواز تو سن رہے تھے مگر بات نہیں سمجھ پا رہے تھے۔ یہاں تک کہ وہ رسولؐ سے قریب ہو گئے۔ وہ آپؐ سے اسلام کے بارے میں دریافت کر رہے تھے۔ آپؐ نے ان کے جواب میں ارشاد فرمایا:

"ایک دن اور رات میں پانچ نمازیں فرض ہوتی ہیں"

اس دیہاتی نے سوال کیا کہ کیا ان کے علاوہ بھی مجھ پر کچھ ہے؟ آپؐ نے فرمایا:

نہیں۔ الا یہ کہ تم نفل پڑھو"

نیز انس بن مالک کی حدیث ہے وہ بیان کرتے ہیں کہ ہم کو رسولؐ سے کسی چیز کے بارے میں سوال کرنے سے منع کر دیا گیا تھا۔ اسلئے ہماری یہ خواہش ہوتی تھی کہ دیہات سے کوئی سمجھدار شخص آئے اور آپؐ سے کچھ دریافت کرے اور ہم سنیں۔ چنانچہ ایک مرتبہ ایک دیہاتی آیا اور کہا کہ اے محمدؐ ہمارے پاس آپؐ کا قاصد پہنچا اور کہا کہ آپؐ کہتے ہیں کہ اللہ نے آپ کو بھیجا ہے۔ آپؐ نے فرمایا: قاصد نے سچ کہا- اس نے سوال کرتے کرتے کہا کہ آپؐ کے قاصد نے یہ بھی کہا کہ ہم پر ایک دن اور رات میں پانچ نمازیں فرض ہیں۔ آپؐ نے فرمایا: اس نے سچ کہا، دیہاتی نے کہا: اس ذات کی قسم جس نے آپ کو بھیجا ہے۔ کیا اللہ نے آپؐ کو اس کا حکم دیا ہے؟ آپؐ نے فرمایا: ہاں-

نبیؐ سے یہ بھی ثابت ہے کہ آپؐ نے صحابۂ کرام کو مسیح دجال کے بارے میں بتایا۔ تو انہوں نے آپؐ سے دریافت کیا کہ وہ کتنے دن زمین پر ٹھہرے گا؟ آپؐ نے فرمایا:

چالیس دن۔ لیکن اس کا ایک دن ایک سال کے برابر۔ ایک دن ایک ماہ کے برابر۔ ایک دن جمعہ (ہفتہ) کے برابر۔ اور باقی دن عام دنوں کے برابر ہوں گے۔ سوال کیا گیا کہ اے اللہ کے رسول! اس کا جو دن ایک سال کے برابر ہو گا کیا اسمیں ایک دن کی نمازیں ہمارے لئے کافی ہوں گی؟ آپؐ نے فرمایا: نہیں۔ بلکہ ایک ایک دن کا اندازہ کر لیا کرنا۔

اس حدیث میں آپؐ نے دجال کے ظاہر ہونے کے وقت ایک سال کے برابر والے دن کو ایک دن نہیں شمار فرمایا۔ جسمیں صرف پانچ نمازیں کافی ہوں۔ بلکہ ہر چوبیس گھنٹے میں پانچ نمازیں فرض قرار دیں۔ اور یہ حکم دیا کہ لوگ اپنے اپنے ملکوں میں عام دنوں کے اوقات کے اعتبار سے نمازوں کے اوقات متعین کر لیں۔

لہذا ان ممالک کے مسلمان جن کے تعلق سے نمازوں کے اوقات کے تعین کا مسئلہ دریافت کیا گیا ہے۔ ان کے لئے ضروری ہے کہ وہ اپنے قریب ترین ملک۔ جہاں دن اور رات ہر چوبیس گھنٹے کے اندر مکمل ہو جاتے ہوں۔ اور شرعی علامتوں کے ذریعہ پنجوقتہ نمازوں کے اوقات معروف ہوں۔ اس ملک کے اوقات نماز کی روشنی میں نمازوں کے اوقات متعین کر لیں۔

اسی طرح رمضان کے روزے کا مسئلہ بھی ہے۔ ان کے لئے ضروری ہے کہ وہ قریب ترین ملک۔ جہاں دن اور رات جدا جدا ہوں اور ہر چوبیس گھنٹے کے اندر ان کی گردش مکمل ہو جاتی ہو۔ اس ملک کے اوقات کے اعتبار سے ماہ رمضان کی ابتداء اور اس کے اختتام۔ اوقات سحر وافطار۔ نیز طلوع فجر اور غروب آفتاب وغیرہ کے اوقات متعین کر لیں۔ اور روزہ رکھیں۔ جیسا کہ مسیح دجال سے متعلق حدیث میں بات گزر چکی ہے۔ اور جسمیں آپؐ نے صحابۂ کرام کو اس بڑے دن میں اوقات نماز کی تعیین کرنے کی کیفیت کی جانب رہنمائی فرمائی ہے۔ اور ظاہر بات ہے کہ اس مسئلہ میں روزہ اور نماز کے

درمیان کوئی فرق نہیں۔واللہ ولی التوفیق۔

وصلی اللہ علی نبینا محمد وآلہ وصحبہ۔

سوال ۷

کیا اذان شروع ہونے کے ساتھ ہی سحری کھانے سے رک جانا ضروری ہے یا اذان ختم ہونے تک کھا۔پی سکتے ہیں؟

جواب

موذن کے بارے میں اگر یہ معروف ہو کہ وہ فجر طلوع ہونے کے ساتھ ہی اذان دیتا ہے تو ایسی صورت میں اس کی اذان سنتے ہی کھانے پینے اور دیگر تمام مفطرات سے رک جانا ضروری ہے۔لیکن اگر کلینڈر کے اعتبار سے ظن و تخمین سے اذان دی جائے تو ایسی صورت میں اذان کے دوران کھانے پینے میں کوئی حرج نہیں۔جیسا کہ نبی ؐکریم کی حدیث ہے۔آپؐ نے فرمایا:

"بلال رات میں اذان دیتے ہیں سو کھاؤ اور پیو۔یہاں تک کہ ابن ام مکتوم اذان دیں"

اس حدیث کے آخر میں راوی کہتے ہیں کہ ابن ام مکتوم نابینا شخص تھے۔وہ اس وقت تک اذان نہیں دیتے تھے جب تک کہ ان سے یہ نہ کہا جاتا کہ تم نے صبح کر دی(متفق علیہ)

اہل ایمان مرد و عورت کے لئے احتیاط اسی میں ہے کہ نبی ؐکریم کی درج ذیل

احادیث پر عمل کرتے ہوئے وہ طلوع فجر سے پہلے ہی سحری سے فارغ ہو جائیں۔ آپؐ نے فرمایا:

"جو چیز تمہیں شبہ میں ڈالے اسے چھوڑ کر جو شبہ میں ڈالنے والی نہ ہو اسے لے لو"

نیز فرمایا:

"جو شخص شبہات سے بچ گیا اس نے اپنے دین اور اپنی عزت کو بچا لیا"

لیکن اگر یہ بات متعین ہو کہ موذن کچھ رات باقی رہنے پر ہی طلوع فجر سے پہلے لوگوں کو آگاہ کرنے کے لئے اذان دیتا ہے۔ جیسا کہ بلال کرتے تھے۔ تو ایسی صورت میں مذکورہ بالا احادیث پر عمل کرتے ہوئے کھاتے پیتے رہنے میں کوئی حرج نہیں۔ یہاں تک کہ طلوع فجر کے ساتھ اذان دینے والے موذن کی اذان شروع ہو جائے۔

سوال ۸

کیا حاملہ اور دودھ پلانے والی عورت کے لئے روزہ نہ رکھنے کی اجازت ہے اور کیا ایسی عورتوں کو چھوٹے ہوئے روزوں کی قضا کرنی ہو گی۔ یا روزہ نہ رکھنے کے بدلے کفارہ دینا ہو گا؟

جواب

حاملہ اور دودھ پلانے والی عورتوں کا حکم مریض کا حکم ہے۔ اگر روزہ رکھنا ان کے لئے بھاری ہو تو روزہ نہ رکھیں۔ اور بعد میں جب وہ روزہ رکھنے کے لائق ہو جائیں تو مریض کی طرح وہ بھی چھوٹے ہوئے روزوں کی قضا کر لیں۔ بعض اہل علم کا یہ خیال ہے کہ حاملہ اور دودھ پلانے والی عورتوں کو ہر دن کے بدلے ایک ایک مسکین کو کھانا کھلانا ہو گا۔ لیکن

یہ ضعیف اور مرجوح قول ہے۔ صحیح بات یہی ہے کہ انہیں بھی مریض اور مسافر کی طرح چھوٹے ہوئے روزوں کی قضا کرنی ہوگی۔ اللہ تعالی کا ارشاد ہے:

فَمَن كَانَ مِنكُم مَّرِيضًا أَوْ عَلَىٰ سَفَرٍ فَعِدَّةٌ مِّنْ أَيَّامٍ أُخَرَ

(۱۸۴)سورۃ البقرۃ

پس جو تم میں سے مریض ہو یا سفر میں ہو وہ دوسرے دنوں میں گنتی پوری کرے۔

انس بن مالک کعبی کی درج ذیل حدیث بھی اسی بات پر دلالت کرتی ہے جسمیں یہ ذکر ہے کہ رسولؐ نے فرمایا:

"اللہ تعالی نے مسافر سے روزہ کی اور آدھی نماز کی تخفیف کر دی ہے اور حاملہ اور دودھ پلانے والی عورتوں سے روزہ کی" (صحیح مسلم و سنن اربعہ)

سوال ۹

وہ لوگ جن کے لئے روزہ نہ رکھنے کی اجازت ہے مثلاً عمر رسیدہ مرد و عورت اور ایسا مریض جس کے شفایاب ہونے کی امید نہ ہو۔ ایسے لوگوں کے بارے میں آپؐ کی کیا رائے ہے؟ کیا روزہ نہ رکھنے کے عوض انہیں فدیہ دینا ہو گا؟

جواب

جو شخص بڑھاپے کی وجہ سے یا کسی ایسی بیماری کی وجہ سے جس سے شفایاب ہونے کی امید نہ ہو۔ روزہ رکھنے پر قادر نہ ہو اسے ہر دن کے بدلے بصورت استطاعت ایک مسکین کو کھانا کھلانا ہو گا۔ جیسا کہ صحابۂ کرام رضی اللہ عنہم کی ایک جماعت جن میں ابن عباس بھی ہیں، کا فتویٰ ہے۔

سوال ۱۰

حیض اور نفاس والی عورتوں کے لئے روزہ رکھنے کا کیا حکم ہے؟ اور اگر انہوں نے چھوٹے ہوئے روزوں کی قضا آئندہ رمضان تک موخر کر دی تو ان پر کیا لازم ہے؟

جواب

حیض اور نفاس والی عورتوں کے لئے ضروری ہے کہ حیض اور نفاس کے وقت وہ روزہ توڑ دیں۔ حیض اور نفاس کی حالت میں روزہ رکھنا اور نماز پڑھنا جائز نہیں۔ اور نہ ہی ایسی حالت کی نماز اور روزہ صحیح ہے۔ انہیں بعد میں صرف روزوں کی قضا کرنی ہو گی۔ نماز کی نہیں۔ عائشہ رضی اللہ عنہا کی حدیث ہے۔ ان سے سوال کیا گیا کہ کیا حائضہ عورت نماز اور روزے کی قضا کرے؟ تو انہوں نے فرمایا:

"ہمیں روزوں کی قضا کرنے کا حکم دیا جاتا تھا اور نماز کی قضا کرنے کا حکم نہیں دیا جاتا تھا" (متفق علیہ)

عائشہ رضی اللہ عنہا کی بیان کردہ حدیث پر علماء رحمۃ اللہ علیہم کا اتفاق ہے کہ حیض و نفاس والی عورتوں کو صرف روزوں کی قضا کرنی ہے نماز کی نہیں۔ اور یہ اللہ سبحانہ کی طرف سے ایک طرح کی رحمت اور آسانی ہے۔ کیونکہ نماز ایک دن میں پانچ مرتبہ پڑھی جاتی ہے۔ اسلئے نماز کی قضا مذکورہ عورتوں پر بھاری تھی۔ اس کے برخلاف روزہ سال میں صرف ایک بار فرض ہے۔ اور وہ ماہ رمضان کا روزہ ہے۔ اسلئے اس کے قضا میں کوئی مشقت و دشواری نہیں۔

رہا مسئلہ چھوٹے ہوئے روزوں کی قضا میں تاخیر کا۔ تو جس عورت نے رمضان کے

چھوٹے ہوئے روزے کسی شرعی عذر کے بغیر دوسرے رمضان کے بعد تک موخر کر دئے۔ اسے قضا کرنے کے ساتھ ہی ہر روز کے بدلے ایک مسکین کو کھانا کھلانا ہو گا اور اللہ تعالی سے توبہ کرنی ہو گی۔ یہی حکم مریض اور مسافر کا بھی ہے۔ اگر انہوں نے رمضان کے چھوٹے ہوئے روزے کسی شرعی عذر کے بغیر دوسرے رمضان کے بعد تک موخر کر دیئے تو انہیں قضا کرنے کے ساتھ ہی ہر روزہ کے بدلے ایک مسکین کو کھانا کھلانا ہو گا اور اللہ سے توبہ کرنی ہو گی۔ البتہ اگر مرض یا سفر دوسرے رمضان تک مسلسل جاری و بر قرار رہا تو مرض سے شفایاب ہونے اور سفر سے لوٹنے کے بعد صرف روزوں کی قضا کرنی ہو گی۔ ہر روزہ کے بدلے ایک مسکین کو کھانا نہیں کھلانا ہو گا۔

سوال ۱۱

جس شخص کے ذمہ رمضان کے روزوں کی قضا ہو اس کے لئے نفلی روزے مثلاً شوال کے چھ روزے۔ عشر ذی الحجہ کے روزے اور عاشوراء کا روزہ رکھنا کیسا ہے؟

جواب

جس کے ذمہ رمضان کے روزوں کی قضا ہو علماء کے صحیح ترین قول کے مطابق نفلی روزوں سے پہلے اس پر رمضان کے روزوں کی قضا واجب ہے۔ کیونکہ فرائض نوافل سے اہم ہیں۔

سوال ۱۲

ایسے شخص کے بارے میں کیا حکم ہے جو مریض تھا۔ پھر اس پر رمضان کا مہینہ آیا مگر وہ روزہ نہ رکھ سکا۔ اور رمضان کے بعد انتقال کر گیا۔ کیا اس کی طرف سے روزوں کی قضا کی جائے گی یا مساکین کو کھانا کھلایا جائے گا؟

جواب

مسلمان اگر رمضان کے بعد بیماری کی حالت میں انتقال کر جائے تو اس پر روزوں کی قضا اور مساکین کو کھانا کھلانا نہیں ہے۔ کیونکہ وہ شرعاً معذور ہے۔ اسی طرح مسافر اگر حالت سفر میں یا سفر سے واپس آتے ہی انتقال کر جائے تو اس پر بھی روزوں کی قضا اور مسکینوں کو کھانا کھلانا نہیں ہے۔ کیونکہ وہ شرعاً معذور ہے۔

البتہ وہ مریض جس نے شفایاب ہونے کے بعد روزوں کی قضا کرنے میں سستی برتی۔ پھر انتقال کر گیا۔ یا وہ مسافر جس نے سفر سے واپس آنے کے بعد روزوں کی قضا کرنے میں سستی برتی۔ پھر انتقال کر گیا۔ ایسے لوگوں کے اقرباء کو چاہئے کہ وہ ان کی طرف سے روزوں کی قضا کریں۔ کیونکہ نبی ؐ کا ارشاد ہے:

"جو شخص انتقال کر گیا اور اس کے ذمہ روزہ تھا تو اس کا ولی اس کی طرف سے روزہ رکھے" (متفق علیہ)

لیکن اگر ان کی طرف سے کوئی روزہ رکھنے والا نہ ہو تو ان کے ترکہ میں سے ان کے ہر روزہ کے بدلے ایک مسکین کو نصف صاع۔ جو تقریباً ڈیڑھ کلو ہوتا ہے۔ کھانا دینا ہو گا۔ جیسا کہ عمر رسیدہ (بوڑھے) اور دائمی مریض کی طرف سے دیا جاتا ہے۔ جیسا کہ اس کی تفصیل سوال نمبر ۹ کے جواب میں گزر چکی ہے۔

اسی طرح حیض اور نفاس والی عورتوں سے اگر رمضان کے روزوں کی قضا میں سستی ہوئی اور پھر وہ انتقال کر گئیں تو اگر ان کی طرف سے کوئی روزوں کی قضا کرنے والا

نہ ہو تو ہر روزہ کے بدلے ان کی طرف سے ایک ایک مسکین کو کھانا کھلانا ہو گا۔

مذکورہ اشخاص میں سے اگر کسی نے کوئی ترکہ بھی نہیں چھوڑا کہ جس سے مسکینوں کو کھانا دیا جا سکے تو اس کے ذمہ کچھ نہیں۔ اللہ تعالی کا ارشاد ہے:

لَا يُكَلِّفُ اللّٰهُ نَفْسًا اِلَّا وُسْعَهَا

(٢٨٦) سورۃ البقرۃ

اللہ تعالی کسی نفس کو اس کی طاقت سے زیادہ مکلف نہیں کرتا۔

اور فرمایا:

فَاتَّقُوا اللّٰهَ مَا اسْتَطَعْتُمْ

(١٦) سورۃ التغابن

اللہ سے ڈرو جتنا تم میں طاقت ہو - واللہ ولی التوفیق-

سوال ۱۳

روزہ دار کے لیے رگ میں اور عضلات میں انجکشن لگوانے کا کیا حکم ہے نیز ان دونوں قسم کے انجکشن میں کیا فرق ہے؟

جواب

صحیح بات یہ ہے کہ رگ میں اور عضلات میں انجکشن لگوانے سے روزہ نہیں ٹوٹتا۔ البتہ غذا کے انجکشن لگوانے سے روزہ ٹوٹ جاتا ہے۔ اسی طرح چیک اپ کے لئے خون نکلوانے سے بھی روزہ نہیں ٹوٹتا۔ کیونکہ اس کی شکل پچھنہ لگوانے کی نہیں ہے۔ ہاں پچھنہ لگوانے سے علماء کے صحیح ترین قول کے مطابق لگوانے والے اور لگانے والے

دونوں کا روزہ ٹوٹ جاتا ہے۔ کیونکہ نبی ﷺ کریم کا ارشاد ہے:

"پچھنہ لگانے والے اور لگوانے والے نے روزہ توڑ دیا"

سوال ۱۴

روزہ دار کے لئے دانت کے پیسٹ (منجن) استعمال کرنے۔ نیز کان کے۔ ناک کے اور آنکھ کے قطرے (دوائیں) ڈالنے کا کیا حکم ہے؟ اور اگر روزہ دار پیسٹ (منجن) کا اور ان قطروں کا اپنی حلق میں ذائقہ محسوس کرے تو کیا کرے؟

جواب

پیسٹ (منجن) کے ذریعہ دانت صاف کرنے سے مسواک کی طرح روزہ نہیں ٹوٹتا۔ البتہ روزہ دار کو اس کا سخت خیال رکھنا چاہئے کہ منجن کا کچھ حصہ پیٹ کے اندر نہ جانے پائے۔ لیکن غیر ارادی طور پر اگر کچھ اندر چلا بھی جائے تو اس پر قضا نہیں ہے۔

اسی طرح آنکھ اور کان کے قطرے ڈالنے سے بھی علماء کے صحیح ترین قول کے مطابق روزہ نہیں ٹوٹتا۔ اور اگر ان قطروں کا ذائقہ حلق میں محسوس کرے تو اس روزہ کی قضا کر لینا احوط ہے۔ واجب نہیں۔ کیونکہ آنکھ اور کان کھانے پینے کے راستے نہیں ہیں۔ البتہ ناک کے قطرے استعمال کرنا جائز نہیں۔ کیونکہ ناک کھانے پینے کا راستہ شمار ہوتی ہے۔ اور اسی لیے نبی ﷺ نے فرمایا ہے:

"اور ناک میں (وضو کے وقت) خوب اچھی طرح پانی چڑھاؤ۔ الا یہ کہ تم روزہ سے ہو"

لہذا مذکورہ حدیث نیز اس معنی کی دیگر احادیث کی روشنی میں اگر کسی نے روزہ کی

حالت میں ناک کے قطرے استعمال کئے اور حلق میں اس کا اثر محسوس ہوا تو اس روزہ کی قضا کرنی واجب ہے۔ واللہ ولی التوفیق۔

سوال ۱۵

کسی شخص نے دانتوں میں تکلیف محسوس کی اور ڈاکٹر کے پاس گیا۔ ڈاکٹر نے دانتوں کی صفائی کر دی۔ یا تکلیف کی جگہ دانت میں کچھ بھر دیا۔ یا کسی دانت کو اکھاڑ دیا۔ تو کیا اس سے روزہ پر کوئی اثر پڑتا ہے؟ اور اگر ڈاکٹر نے دانت سن کرنے کا انجکشن بھی دے دیا۔ تو کیا اس سے روزہ متاثر ہوتا ہے؟

جواب

سوال میں مذکورہ صورت پیش آنے سے روزہ کی صحت پر کوئی اثر نہیں پڑتا۔ بلکہ یہ چیز معفو عنہ ہے۔ البتہ اس کے لئے یہ خیال رکھنا ضروری ہے کہ دوا یا خون کا کچھ حصہ نکل نہ جائے۔ اسی طرح مذکورہ انجکشن سے بھی روزہ کی صحت پر کوئی اثر نہیں پڑتا۔ کیونکہ یہ کھانے پینے کے حکم میں نہیں ہے۔ اور روزہ کا صحیح اور درست ہونا ہی اصل ہے۔

سوال ۱۶

جس شخص نے روزہ کی حالت میں بھول کر کچھ کھا پی لیا اس کا کیا حکم ہے؟

جواب

ایسے شخص پر کچھ نہیں۔ اور اس کا روزہ صحیح ہے۔ کیونکہ ارشاد ہے:

رَبَّنَا لَا تُؤَاخِذْنَا إِن نَّسِينَا أَوْ أَخْطَأْنَا

(۲۸۶) سورۃ البقرۃ

اے ہمارے رب! ہم اگر بھول گئے یا غلطی کر بیٹھے تو ہماری گرفت نہ کر۔

اس آیت کی تفسیر میں رسولؐ اللہ کی صحیح حدیث ہے کہ بندے کے جواب میں اللہ تعالی نے فرمایا:

"میں نے تمہاری بات قبول کر لی"

نیز ابو ہریرہ سے مروی ہے کہ نبیؐ نے فرمایا:

"جس نے روزہ کی حالت میں بھول کر بیوی سے جماع کر لی تو مذکورہ بالا آیت کریمہ اور حدیث شریف کی روشنی میں علماء کے صحیح ترین قول کے مطابق اس کا روزہ صحیح ہے۔ نیز رسولؐ کی حدیث ہے:

"جس نے رمضان میں بھول کر روزہ توڑ دیا تو اس پر نہ قضا ہے نہ کفارہ"

اس حدیث کی امام حاکم نے تخریج کی ہے اور صحیح قرار دیا ہے۔

اس حدیث کے الفاظ جماع اور دیگر تمام مفطرات کو شامل ہیں۔ اگر روزہ دار نے بھول کر ایسا کیا ہو۔ اور یہ اللہ تعالی کی رحمت اور اس کا فضل واحسان ہے۔ فللہ الحمد والشکر علی ذالک۔

سوال ۱۷

اس شخص کا کیا حکم ہے جس نے رمضان کے چھوٹے ہوئے روزے قضا نہ کئے یہاں تک کہ دوسرا رمضان آگیا اور اس کے پاس کوئی عذر بھی نہیں تھا۔ کیا ایسے شخص

کے لئے روزوں کی قضا اور توبہ کر لینا کافی ہے۔ یا اس کے ساتھ ہی کفارہ بھی دینا ہو گا؟

جواب

ایسے شخص کے لئے چھوٹے ہوئے روزوں کی قضا کرنے کے ساتھ ہی اللہ تعالیٰ سے سچی توبہ کرنی ہو گی اور ہر روزہ کے بدلے ایک مسکین کو کھانا کھلانا ہو گا۔ جسکی مقدار صاع نبوی سے نصف صاع یعنی تقریباً ڈیڑھ کلو گرام غلہ مثلاً کھجور یا گیہوں یا چاول وغیرہ ہے۔

اس کے علاوہ اس پر اور کوئی کفارہ نہیں۔ صحابہ کرام رضی اللہ عنہم کی ایک جماعت جسمیں عبد اللہ بن عباس بھی ہیں۔ کا یہی فتویٰ ہے۔ لیکن اگر وہ کسی مرض یا سفر کی وجہ سے معذور تھا۔ یا عورت حمل یا رضاعت (بچہ کو دودھ پلانے) کی وجہ سے معذور تھی اور روزہ رکھنا اس کے لئے دشوار تھا۔ تو ایسی صورت میں چھوٹے ہوئے روزوں کی صرف قضا کرنی ہو گی۔

سوال ۱۸

تارک نماز کے روزہ رکھنے کا کیا حکم ہے؟ اور اگر روزہ رکھے تو کیا اس کا روزہ درست ہے؟

جواب

صحیح بات یہ ہے کہ عمداً نماز ترک کرنے والا کافر ہے۔ لہذا جب تک وہ اللہ تعالیٰ سے توبہ نہ کر لے اس کا روزہ اور اسی طرح دیگر عبادات درست نہیں۔ کیونکہ اللہ تعالیٰ کا ارشاد ہے:

وَلَوْ أَشْرَكُوا لَحَبِطَ عَنْهُم مَّا كَانُوا يَعْمَلُونَ

(۸۸) سورۃ الأنعام

اور اگر انہوں نے شرک کیا ہوتا تو وہ سب اکارت ہو جاتا جو وہ کرتے تھے- نیز اس معنی کی دیگر آیات اور احادیث بھی تارک نماز کے اعمال اکارت ہو جانے کی دلیل ہیں-

لیکن کچھ اہل علم اس طرف گئے ہیں کہ تارک نماز اگر نماز کی فرضیت کا معترف ہے لیکن سستی ولا پروائی کی وجہ سے نماز چھوڑتا ہے۔ تو اس کا روزہ اور دیگر عبادات برباد نہیں ہوں گی۔ لیکن پہلا قول ہی زیادہ صحیح ہے۔ یعنی عمداً نماز ترک کرنے والا کافر ہے۔ بھلے ہی وہ نماز کی فرضیت کا معترف ہو۔ کیونکہ اس قول پر بے شمار دلائل موجود ہیں۔ انہیں دلائل میں سے رسولؐ کا یہ ارشاد گرامی ہے:

"بندہ کے درمیان اور کفر وشرک کے درمیان بس نماز چھوڑنے کا فرق ہے"

اس حدیث کو امام مسلم نے اپنی صحیح میں جابر بن عبد اللہ کی طریق سے روایت کیا ہے-

اور آپؐ کی یہ حدیث بھی:

"ہمارے اور ان (کافروں) کے درمیان جو معاہدہ ہے وہ نماز ہے۔ تو جس نے نماز چھوڑ دی اس نے کفر کیا"

اس حدیث کو امام احمد نیز ائمہ اربعہ (ابوداؤد۔ نسائی۔ ترمذی اور ابن ماجہ) نے بریدہ بن حصین اسلمی کے طریق سے صحیح سند کے ساتھ روایت کیا ہے-

اس بارے میں امام ابن قیم رحمۃ اللہ علیہ نے نماز کے احکام اور نماز چھوڑنے کے احکام پر مستقل ایک رسالہ میں سیر حاصل گفتگو کی ہے۔ یہ رسالہ بڑا مفید اور قابل مطالعہ ہے۔ اس سے استفادہ کرنا چاہئے-

سوال۱۹

جس شخص نے رمضان کے روزہ کی فرضیت کا انکار کئے بغیر روزہ چھوڑ دیا اس کا کیا حکم ہے؟ اور جو لاپروائی برتتے ہوئے ایک سے زیادہ مرتبہ رمضان کے روزے چھوڑ دے تو کیا اس کی وجہ سے وہ دائرہ اسلام سے خارج ہو جائے گا؟

جواب

جب کسی نے شرعی عذر کے بغیر عمداً رمضان کا روزہ چھوڑ دیا وہ گناہ کبیرہ کا مرتکب ہوا۔ اس کی وجہ سے وہ علماء کے صحیح ترین قول کے مطابق کافر قرار نہیں دیا جائے گا۔ البتہ اسکو چھوڑے ہوئے روزے کی قضا کرنے کے ساتھ ہی اللہ تعالیٰ سے توبہ کرنی ہو گی۔ بے شمار دلائل سے ثابت ہوتا ہے کہ روزہ کی فرضیت کا انکار کئے بغیر محض سستی ولا پروائی کی بنا پر اگر کوئی شخص رمضان کا روزہ چھوڑ دے تو اس کی وجہ سے وہ کافر شمار نہیں ہو گا۔ البتہ اگر چھوٹے ہوئے روزوں کی قضا بغیر کسی شرعی عذر کے اس نے دوسرے رمضان تک موخر کر دی تو اسے ہر روزہ کے بدلہ ایک مسکین کو کھانا بھی کھلانا ہو گا۔ جیسا کہ سوال نمبر ۱۷ کے جواب میں گزر چکا ہے۔

اسی طرح زکوٰۃ نہ دینے اور استطاعت کے باوجود حج نہ کرنے کا مسئلہ بھی ہے۔ کہ بندہ اگر ان کی فرضیت کا منکر نہ ہو تو اس کی وجہ سے وہ کافر نہیں قرار دیا جائے گا۔ البتہ اسے پچھلے سالوں کی زکوٰۃ نکالنی ہو گی۔ اور حج کرنا ہو گا۔ اور ان فرائض کی ادائیگی میں جو تاخیر ہوئی ہے اس سلسلہ میں اللہ تعالیٰ سے سچی توبہ کرنی ہو گی۔ کیونکہ اس بارے میں جو شرعی دلائل ہیں وہ عام ہیں۔ اور اس بات پر دلالت کرتے ہیں کہ بندہ اگر زکوٰۃ اور حج کی فرضیت کا منکر نہ ہو تو ان کی ادائیگی نہ کرنے کی وجہ سے وہ کافر نہیں قرار دیا جائے

گا۔ انہی دلائل میں سے رسولؐ اللہ کی وہ حدیث بھی ہے جس میں یہ مذکور ہے کہ تارک زکوٰۃ کو قیامت کے دن اس کے مال کے ذریعہ عذاب دیا جائے گا۔ پھر جنت یا جہنم کی طرف اس کا ٹھکانہ دکھایا جائے گا۔

سوال ۲۰

حائضہ عورت اگر رمضان کے مہینہ میں دن میں ناپاک ہو جائے تو اس کا کیا حکم ہے؟

جواب

علماء کے صحیح ترین قول کے مطابق اس عورت کو بقیہ دن کھانے پینے اور دیگر مفطرات سے رک جانا ہو گا۔ کیونکہ روزہ نہ رکھنے کا جو شرعی عذر تھا وہ زائل ہو چکا ہے۔ اور اسے اس دن کے روزہ کی قضا بھی کرنی ہو گی۔ یہ مسئلہ اسی طرح ہے کہ اگر دن میں رمضان کے چاند کی رویت ثابت ہو جائے تو جمہور اہل علم کے نزدیک مسلمان اس دن کھانے پینے اور دیگر مفطرات سے رک جائیں گے اور بعد میں اس دن کے روزہ کی قضا کریں گے۔ اور اسی طرح مسافر اگر دن میں سفر سے وطن واپس آجائے تو علماء کے صحیح ترین قول کے مطابق وہ بقیہ دن کھانے پینے اور مفطرات سے رک جائے گا۔ کیونکہ سفر کا حکم اب ختم ہو چکا۔ لیکن بعد میں اسے اس دن کی قضا کرنی ہو گی۔ واللہ ولی التوفیق۔

سوال ۲۱

روزہ دار کے جسم سے اگر خون نکل جائے۔ مثلاً نکسیر وغیرہ پھوٹ جائے تو اس کا کیا حکم ہے؟ اور کیا روزہ دار کے لئے روزہ کی حالت میں اپنے خون کے کچھ حصہ کا صدقہ کرنا یا چیک اپ کے لئے خون نکلوانا جائز ہے؟

جواب

روزہ دار کے جسم سے اگر خون نکل جائے۔ مثلاً نکسیر پھوٹ جائے یا استحاضہ ہو جائے تو اس سے روزہ پر کوئی اثر نہیں پڑتا۔ البتہ حیض اور نفاس آنے سے نیز پچھنہ لگوانے سے روزہ ٹوٹ جاتا ہے۔

بوقت ضرورت چیک اپ کے لئے خون نکلوانے میں کوئی حرج نہیں۔ اس سے روزہ پر کوئی اثر نہیں پڑتا۔ البتہ روزہ کی حالت میں خون کا صدقہ (تبرع) کرنے کی بابت احتیاط اسی میں ہے کہ یہ کام روزہ افطار کرنے کے بعد کیا جائے۔ کیونکہ اس صورت میں عموماً خون زیادہ نکالا جاتا ہے۔ اسلئے یہ پچھنہ لگوانے کے مشابہ ہے۔ واللہ ولی التوفیق۔

سوال ۲۲

کسی روزہ دار نے یہ سمجھ کر کہ آفتاب غروب ہو چکا۔ یا یہ سمجھ کر کہ ابھی صبح صادق نہیں طلوع ہوئی ہے۔ کچھ کھا پی لیا۔ یا بیوی سے جماع کر لیا تو اس کا کیا حکم ہے؟

جواب

صحیح بات یہ ہے کہ روزہ کے سلسلہ میں احتیاط برتتے ہوئے اور تساہل کا سد باب کرنے کے لئے ایسے شخص کو اس روزہ کی قضا کرنی ہو گی اور بیوی سے جماع کرنے کی صورت میں جمہور اہل علم کے نزدیک ظہار کا کفارہ بھی دینا ہو گا۔

سوال ۲۳

جس شخص نے رمضان کے روزہ کی حالت میں بیوی سے جماع کر لیا اس کا کیا حکم ہے؟ اور کیا مسافر کے لئے روزہ نہ رکھنے کی صورت میں بیوی سے جماع کرنا جائز ہے؟

جواب

جس نے رمضان میں روزہ کی حالت میں بیوی سے جماع کر لیا اور اس پر روزہ فرض تھا۔ تو اس پر کفارۂ ظہار واجب ہے۔ ساتھ ہی اسے اس روزہ کی قضا نیز جو غلطی سرزد ہوئی ہے اس پر اللہ تعالیٰ سے توبہ کرنی ہو گی۔ لیکن اگر وہ سفر میں تھا۔ یا کسی ایسے مرض کا شکار تھا جس سے اس کے لئے روزہ نہ رکھنا درست ہے۔ تو ایسی صورت میں اسے صرف اس روزہ کی قضا کرنی ہو گی۔ کوئی کفارہ وغیرہ لازم نہیں ہو گا۔ کیونکہ مسافر اور مریض کے لئے روزہ توڑ دینا جائز ہے خواہ وہ جماع (ہمبستری) کے ذریعہ ہو یا کسی اور چیز کے ذریعہ۔ اللہ تعالیٰ کا ارشاد ہے:

فَمَن كَانَ مِنكُم مَّرِيضًا أَوْ عَلَىٰ سَفَرٍ فَعِدَّةٌ مِّنْ أَيَّامٍ أُخَرَ

(۱۸۴) سورة البقرة

پس تم میں سے جو شخص بیمار ہو یا سفر پر ہو وہ دوسرے دنوں میں گنتی پوری کر لے۔ اس سلسلہ میں عورت کا حکم بھی وہی ہے جو مرد کا حکم ہے۔ یعنی اگر وہ فرض روزہ سے تھی تو اس پر کفارہ اور قضا دونوں واجب ہیں۔ اور اگر سفر میں تھی یا کسی ایسے مرض کا شکار تھی جس سے اس کے لئے روزہ رکھنا دشوار تھا تو ایسی صورت میں اس پر کفارہ نہیں۔ بلکہ صرف اس روزہ کی قضا لازم ہے۔

سوال ۲۴

تنفس(دمہ) وغیرہ کے مریض کے لئے روزہ کی حالت میں منہ میں بخاخ (اسپرے)استعمال کرنے کا کیا حکم ہے؟

جواب

مریض اگر بخاخ(اسپرے)استعمال کرنے کے لئے مجبور ہو تو جائز ہے۔اللہ تعالی کا ارشاد ہے:

وَقَدْ فَصَّلَ لَكُم مَّا حَرَّمَ عَلَيْكُمْ إِلَّا مَا اضْطُرِرْتُمْ إِلَيْهِ

(۱۱۹)سورۃالأنعام

اور اللہ نے تمہارے لئے بیان کر دیا ہے جو اس نے تم پر حرام کیا ہے۔ ہاں مگر وہ چیزیں جن کے لئے تم مجبور ہو جاؤ۔

اوراسلئے بھی بخاخ (اسپرے) کا استعمال جائز ہے کہ یہ کھانے پینے کے قبیل سے نہیں۔ بلکہ چیک اپ کے لئے خون نکلوانے اور غیر مغذی انجکشن لگوانے کے زیادہ مشابہ ہے۔

سوال ۲۵

روزہ دار کے لئے بوقت ضرورت پائخانہ کے راستہ سے حقنہ لگوانا کیسا ہے؟

جواب

مریض اگر ضرور تمند ہے تو علماء کے صحیح ترین قول کے مطابق مذکورہ حقنہ لگوانے میں کوئی حرج نہیں۔ شیخ الاسلام امام ابن تیمیہ رحمہ اللہ نیز دیگر بہت سے اہل علم کا یہی مسلک ہے۔ کیونکہ حقنہ لگوانا کھانے پینے سے مشابہت نہیں رکھتا۔

سوال ۲۶

روزہ کی حالت میں کسی کو خود بخود قے ہو جائے تو اس کا کیا حکم ہے؟ وہ اس روزہ کی قضا کرے یا نہ کرے؟

جواب

روزہ کی حالت میں خود بخود قے ہو جانے سے روزہ کی قضا نہیں۔ لیکن اگر کسی نے عمداً قے کیا ہے تو اسے اس روزہ کی قضا کرنی ہو گی۔ کیونکہ نبیؐ کا ارشاد ہے:

"جسے خود بخود قے ہو جائے اس پر قضا نہیں۔ اور جس نے عمداً قے کی اس پر قضا ہے"۔

اس حدیث کو امام احمد نیز اصحاب سنن اربعہ (ابو داؤد۔ نسائی۔ ترمذی اور ابن ماجہ) نے ابوہریرہ کے طریق سے صحیح سند کے ساتھ روایت کیا ہے۔

سوال ۲۷

گردہ کے مریض کے لئے روزہ کی حالت میں خون تبدیل کرانا کیسا ہے؟ وہ اس روزہ کی قضا کرے یا نہ کرے؟

جواب

مسئولہ صورت میں روزہ کی قضا کرنی ہوگی۔ کیونکہ اس سے مریض کو تازہ خون مل جاتا ہے۔ خون کے ساتھ ہی اگر اسے اور کوئی مادہ دے دیا گیا تو وہ ایک دوسرا مفطر (روزہ توڑنے والا) شمار ہو گا۔

سوال ۲۸

مرد اور عورت کے لئے اعتکاف کا کیا حکم ہے؟ اور کیا اعتکاف کرنے کے لئے روزہ شرط ہے؟ اور معتکف بحالت اعتکاف کیا کرے؟ نیز وہ اپنے معتکف (اعتکاف کی جگہ) میں کس وقت داخل ہو اور کب باہر نکلے؟

جواب

اعتکاف مرد اور عورت دونوں کے لئے سنت ہے۔ کیونکہ نبیؐ سے ثابت ہے کہ آپؐ رمضان میں اعتکاف فرماتے تھے۔ اور آخر زندگی میں صرف آخری عشرہ کا اعتکاف کرتے تھے۔ آپؐ کے ساتھ بعض ازواج مطہرات بھی اعتکاف کرتی تھیں۔ اور آپؐ کی وفات کے بعد بھی انہوں نے اعتکاف کیا۔

اعتکاف کرنے کی جگہ وہ مساجد ہیں جن میں باجماعت نماز قائم کی جاتی ہو۔ اعتکاف کے دوران اگر جمعہ پڑے تو افضل یہ ہے کہ جامع مسجد میں اعتکاف کیا جائے۔ اعتکاف کرنے کے لئے علماء کے صحیح ترین قول کے مطابق کوئی متعین وقت نہیں۔ اور نہ ہی اس کے لئے روزہ رکھنا شرط ہے۔ البتہ روزہ کی حالت میں اعتکاف افضل ہے۔

سنت یہ ہے کہ معتکف نے جس وقت سے اعتکاف کرنے کی نیت کی ہے اس وقت

وہ اپنے معتکف (اعتکاف کی جگہ) میں داخل ہو اور جتنی دیر کے لئے اعتکاف کی نیت کی تھی وہ وقت پورا ہونے پر باہر آجائے۔ کوئی ضرورت پیش آجائے تو اعتکاف توڑ بھی سکتا ہے۔ کیونکہ یہ سنت ہے۔ اس کا پورا کرنا ضروری نہیں۔ البتہ اس صورت میں اعتکاف پورا کرنا ضروری ہے جب اس کی نذر مانی گئی ہو۔

نبیؐ کریم کی اتباع میں رمضان کے آخری عشرہ میں اعتکاف کرنا مستحب ہے۔ اور جو شخص اس عشرہ میں اعتکاف کی نیت کرے اس کے لئے مستحب یہ ہے کہ نبیؐ کی اقتدا کرتے ہوئے اکیسویں رمضان کو فجر کی نماز پڑھ کر اپنے معتکف میں داخل ہو اور آخری عشرہ مکمل ہونے پر باہر آئے۔ درمیان میں اگر وہ اعتکاف توڑ دے تو اسمیں کوئی حرج نہیں۔ الا یہ کہ اس نے اعتکاف کرنے کی نذر مانی ہو۔ تو اس صورت میں اعتکاف پورا کرنا ضروری ہے۔ جیسا کہ اوپر مذکور ہوا۔

افضل یہ ہے کہ معتکف مسجد کے اندر اپنے لئے کوئی مخصوص جگہ بنالے۔ تاکہ ضرورت محسوس ہونے پر اسمیں کچھ آرام کر سکے۔

معتکف کو کثرت سے قرآن مجید کی تلاوت کرنی چاہئے اور ذکر و اذکار اور دعا و استغفار میں مشغول رہنا چاہئے۔ نیز غیر ممنوع اوقات میں بکثرت (نفل) نمازیں پڑھنی چاہئیں۔

معتکف کے بعض احباب و اقارب اگر اس سے ملنے کے لئے آئیں اور یہ ان کے ساتھ گفتگو کرلے تو اس میں کوئی حرج نہیں۔ نبیؐ کے اعتکاف کی حالت میں بعض ازواج مطہرات رضی اللہ عنہ آپؐ سے ملنے کے لئے آتیں اور آپؐ کے ساتھ گفتگو کرتی تھیں۔ ایک مرتبہ صفیہ رضی اللہ عنہا آپؐ سے ملنے کے لئے آئیں۔ اس وقت آپؐ رمضان میں اعتکاف میں تھے۔ جب وہ واپس جانے کے لئے کھڑی ہوئیں تو آپؐ انہیں رخصت کرنے

کے لئے مسجد کے دروازہ تک تشریف لے گئے۔

یہ واقعہ اس بات کی دلیل ہے کہ معتکف سے ملنے اور اس کے ساتھ گفتگو کر لینے میں کوئی حرج نہیں۔ نیز اس واقعہ میں مذکور آپؐ کا فعل آپؐ کے انتہائی تواضع اور ازواج مطہرات کے ساتھ آپؐ کے حسن معاشرت کی دلیل ہے۔

وصلی اللہ علی نبینا محمد وآلہ وصحبہ۔ وأتباعہم بإحسان إلی یوم الدین.

* * *